Ranas Extrañas

EDICIÓN PATHFINDER

Por Dan y Michele Hogan

CONTENIDO

RANAS EXTRAÑAS

Algo extraño está pasando a nivel mundial con las ranas.

Por Dan y Michele Hogan

elgadas o gordas, olorosas o venenosas, hay muchas clases de ranas. Los científicos constantemente descubren nuevas **especies**, o tipos. Y están encontrando **anfibios** en todo el mundo.

A continuación se mencionan algunos ejemplos. Recientemente, se descubrieron pequeñas ranas, del tamaño de una moneda de diez centavos, bajo las hojas viejas en Cuba. Se han visto ranas paracaidistas en Sumatra y Java. Se encontraron ranas transparentes como de "cristal" en Guyana. En Venezuela se ha visto una rana que despide un olor horrible cuando se siente amenazada.

Tal vez te parezca que encontrar nuevas especies de rana es una buena noticia. Pero no todas las noticias sobre las ranas son maravillosas. Muchas ranas están atravesando problemas muy serios.

Si buscas en algunos estanques y arroyuelos, descubrirás que falta algo: las ranas. Los científicos se han dado cuenta de lo mismo. En muchas partes del mundo, hay menos ranas saltarinas que las que solía haber. Las ranas están desapareciendo incluso en nuestro país.

Una de las especies que se extinguió es la rana australiana. Tenía una manera especial de proteger a sus crías. La mamá rana mantenía a los renacuajos en su estómago hasta que se convertían en ranitas bebé. Los científicos afirman que ahora la rana está **extinta**.

Muchas de las ranas que quedan se ven extrañas. Algunas no viven mucho tiempo.

¿Por qué se están muriendo las ranas? Nadie lo sabe con certeza. Los científicos dicen que puede haber muchas razones. Veamos algunas de ellas:

Ranas venenosas flecha azul

Húmedo y silvestre

Se pueden encontrar ranas en todos los continentes, excepto en la Antártida. Algunas viven en la ciudad, en el desierto, en la montaña o en la pradera. Pero la mayoría de las ranas prefiere las áreas húmedas. Cuánto más húmedas, mejor. En realidad, les gustan los estanques, los pantanos y las selvas tropicales.

A las ranas les gustan las zonas húmedas por muchas razones. Ponen los huevos en el agua. Allí también encuentran sus comidas favoritas: moscas, caracoles, gusanos y otros bocadillos apetecibles. Además, en el agua encuentran protección. Una rana puede esconderse de las aves y otros depredadores saltando bajo una hoja cercana o nadando bajo el agua.

A algunas ranas les está resultando difícil encontrar un hogar anegado. Los hábitats de las ranas se están secando. En la actualidad hay menos cenagales. A nivel mundial, las personas están drenando los estanques y los pantanos. Están construyendo hogares y negocios en esos lugares. A medida que se levantan las nuevas estructuras, las ranas pierden sus antiguos hogares mojados.

Sin embargo, la pérdida del hábitat no es el único problema que enfrentan las ranas. Algunos expertos dicen que más animales que nunca están alimentándose de los anfibios. En Australia, por ejemplo, las personas han llenando los estanques con peces. Algunos de esos peces se alimentan de los huevos de rana. A medida que aumentan los depredadores, disminuyen las ranas.

Preocupaciones químicas

Otro problema que preocupa a los científicos es el uso de sustancias químicas. Estas pueden ser perjudiciales para las ranas.

La lluvia puede arrastrar las sustancias químicas a los estanques. Estas sustancias químicas no solo contaminan el agua sino que además penetran la piel de las ranas. Después de que las sustancias químicas entran al cuerpo de la rana, causan graves problemas.

Algunas de las sustancias hacen que los renacuajos y las ranas pequeñas coman menos y naden más lentamente. Otras sustancias químicas pueden alterar la apariencia o la

Al cuidado de papá. *Una rana macho en Papúa Nueva Guinea protege a sus crías.*

Vigilando. *Los ojos atentos de esta rana de ojos colorados en Costa Rica la ayudan a ver a sus enemigos y a sus presas.*

RANAS EXTRAVAGANTES

La más pequeña: la rana dorada tiene aproximadamente el tamaño de una uña.

La más grande: la rana goliat mide casi un pie de largo. Puede pesar tanto como un gato doméstico.

La cantarina: una rana de China canta como un pájaro.

La sobreviviente: la rana de la madera puede permanecer congelada durante varias semanas. Vuelve a la vida normal luego de descongelarse.

Rana voladora de Wallace

conducta de las ranas macho. Algunas de las ranas afectadas producen menos renacuajos, lo que significa que hay menos ranas.

Muchas mutantes

Algo todavía más extraño les está ocurriendo a las ranas. Muchas están mutando o cambiando. Las primeras ranas **mutantes** fueron descubiertas hace casi 60 años. En ese entonces había unas pocas ranas mutantes. Ahora hay muchas.

Se han encontrado ranas deformes en 38 estados de los EE.UU. y en mucho otros países. Casi la mitad de las ranas de muchas áreas tiene algún tipo de deformidad. Las deformidades no son buenas para las ranas.

Muchas ranas no tienen patas, otras tienen demasiadas. Algunas tienen patas en lugares raros, incluso saliéndoles del estómago. La mayoría de las ranas deformes no vive tanto como las ranas normales. ¿Qué está provocando los cambios?

Entra de un salto. *Es posible que hayas visto a esta rana. La rana leopardo es común en Norteamérica.*

Rana defectuosa. *Esta rana tiene demasiadas patas. Algo la hizo mutar.*

Rayos del espacio

Hasta el momento, los científicos no saben qué está causando los problemas. Apuntan a muchas posibilidades. La contaminación, las enfermedades e incluso la luz **ultravioleta** (UV) pueden causar las extrañas características.

La luz UV puede dañar tu piel. Te puede causar quemaduras de sol y cáncer de piel. Por eso es importante usar protector solar cuando estamos afuera.

Estos peligrosos rayos son aun más perjudiciales para las ranas. Pueden atravesar los huevos de rana y esto puede dañarlos. Los huevos dañados pueden producir ranas mutantes.

La luz UV es un problema mayor que el que solía ser. Normalmente, una capa del aire de la Tierra bloquea la mayor parte de la luz UV. Se llama la **capa de ozono.** Pero un tipo de contaminación la ha dañado. Ahora llega más luz UV a la superficie de la Tierra.

Por fortuna, los productos químicos que dañaban la capa de ozono ya no se fabrican. Los científicos dicen que la capa debería repararse por sí sola. Pero llevará muchos años. Una vez que desaparezca el agujero, la luz UV no será un problema tan grande como lo es hoy.

Enfermedad mortal

También es posible que una enfermedad sea responsable de las mutaciones. La enfermedad es producida y transmitida por un pequeño gusano.

El gusano es un parásito, o sea una planta o un animal que vive de otras criaturas. Si un gusano entra al cuerpo de una rana, le puede transmitir la enfermedad. La enfermedad causa miembros de más o faltantes en los bebés de rana.

Parece ser que estos gusanos que transmiten la enfermedad se están extendiendo. A medida que los gusanos aparecen en nuevos lagos y estanques, llevan con ellos la enfermedad. Eso significa que más ranas pueden contagiarse.

Las ranas no son las únicas criaturas que se pueden contagiar. Otros anfibios, incluyendo los sapos y las salamandras, también pueden contagiarse.

El futuro de las ranas

Las muertes y las mutaciones de las ranas pueden parecer un problema pequeño. Reconsidéralo. Los científicos dicen que está sucediendo algo mucho más grande. Lo que sea que esté afectando a las ranas podría un día afectar a otros animales y también a las personas.

La desaparición de las ranas podría significar también que tendremos menos medicamentos en el futuro. Muchas ranas tienen venenos o **toxinas**. Los científicos las usan para fabricar medicamentos. La toxina de una rana se usa en la actualidad para fabricar medicamentos para aliviar el dolor.

Pero todavía hay esperanza para las ranas. Los científicos han limpiado los estanques en los que solían vivir. ¡Y las ranas han regresado!

Los científicos no son los únicos que pueden ayudar a las ranas. Tú también puedes. ¿Qué puedes hacer?

Saca las malas hierbas con la mano en lugar de usar aerosoles. Evita el uso de fertilizantes cerca de estanques y arroyos. Mantén a tus mascotas alejadas de las ranas.

Tu trabajo incluso podría ayudar a que se mantengan sanos otros animales y otras personas.

Ranas arborícolas verdes

VOCABULARIO

anfibio: animal que vive en el agua cuando es joven y después en la tierra.

capa de ozono: gases en la atmósfera de la Tierra.

especies: tipo de animal o planta.

extinto: completamente desaparecido.

mutante: anormal.

toxina: veneno

ultravioleta: tipo de rayo invisible del sol

PROBLEMA

ANFIBIOS

Las ranas no son los únicos animales que tienen problemas en la naturaleza. Los tritones, las salamandras y otros anfibios también están en problemas. ¿Por qué? Tal vez tenga que ver con la manera en la que crecen. Verás, las ranas y otros anfibios sufren unas transformaciones increíbles durante sus vidas. Estos cambios podrían estar relacionados con los problemas.

El ciclo de vida

Todos los animales cambian a medida que crecen. Pero los anfibios cambian más que la mayoría. Observa las fotografías a continuación para ver de qué manera crecen y cambian las ranas. Es casi como si tuvieran dos vidas: una en el agua y otra en tierra. Eso es lo que significa la palabra anfibio: adaptado a la vida en agua y en tierra.

LA VIDA DE UNA RANA

Huevos Una rana comienza su vida siendo uno de muchos huevos en el agua. Dentro del huevo, la rana crece y cambia. Pronto saldrá del cascarón y nadará en el agua.

Renacuajo Una rana bebé se llama renacuajo. Tiene cola y agallas para respirar bajo el agua. Vive en el agua y nada para buscar alimento.

Adulta Con el tiempo, al renacuajo le salen patas. Pierde la cola y desarrolla pulmones. Le crece piel sobre las agallas. La rana adulta pasa la mayor parte del tiempo en tierra.

Doble problema

Vivir en dos lugares podría representar el doble de problemas para las ranas y otros anfibios. Significa que estas criaturas pueden recibir la contaminación del agua y también de la tierra. También pueden recibirla del aire que respiran. Tal vez esta sea una de las razones por las cuales se están volviendo extrañas.

Piel delicada

Es posible que otra de las razones por las cuales los anfibios están en peligro sea su piel delicada.

La piel de muchos animales es fuerte y gruesa. Los protege de los gérmenes y otras cosas. Pero la piel de los anfibios los ayuda a que las cosas entren.

Por ejemplo, las ranas no beben agua. En lugar de eso su piel deja pasar la humedad que necesitan. Las ranas también pueden respirar por la piel. Esto les permite absorber más oxígeno cuando nadan.

Las sustancias químicas peligrosas presentes en el agua también pueden atravesar la piel de estos animales: y eso puede dar como resultado serios problemas para la rana.

Anfibios con respuestas

Sea cual fuere la razón, los anfibios están entre los primeros en sentir los efectos de la contaminación. Tal vez puedan ser también parte de la solución. Los científicos pueden observar a los animales para ver si hay cambios. Al primer indicio de problemas, las personas pueden trabajar para limpiar el área. Esto ayuda a las ranas y a las personas también.

Mirando hacia el futuro. *Mantener áreas libres de contaminación puede ayudar a los anfibios, como esta rana patirroja, a mantenerse sanos.*

RANAS

Es hora de entrar de un salto al mundo de las ranas y descubrir cuánto has aprendido.

1 ¿Dónde viven habitualmente las ranas?

2 ¿Qué puede hacer que las ranas pierdan sus hábitats?

3 ¿Qué problemas están teniendo algunas ranas?

4 ¿De qué manera puede estar afectando el Sol a las ranas?

5 ¿Por qué otro motivo tienen problemas las ranas y otros anfibios ?